Gabriela Scolik

MEINE BESTEN REZEPTE
SOUS VIDE

Bassermann

INHALT

Einleitung 9
Geräte, die man braucht 10
Wissenswertes zum Sous-Vide-Garen 12

Fleisch und Fisch

Schweinekoteletts mit Kräuterbutter 14
Schweinefilet mit buntem Pfeffer 17
Steak mit Cognac-Sauce 18
Rinderfilet mit Rotweinreduktion 20
Bolognese mit Rinderhack 22
Kalbstafelspitz mit grüner Sauce 25
Kalbsrücken mit Zitrone 27
Lammkoteletts mit Zaziki 29
Entenbrust mit Wacholder 30
Hähnchen mit Rosmarin 33
Hähnchenbrust mit Orangen 34
Rehrücken mit Portwein-Jus 37
Lachsfilet mit Honig-Senf-Sauce 38
Heilbuttfilet mit Karotten-Julienne 41
Kabeljaufilet mit Tomaten und Oliven 43

Gemüse und Beilagen

Tomatensauce mit Basilikum 45
Polenta 46
Semmelknödel und Serviettenknödel 49
Kartoffelpüree 50
Spargel mit Kerbelsauce 52
Selleriepüree und Selleriescheiben 55
Champignonragout 56
Maiskolben mit Erdnussbutter 59
Rotkohl mit Apfel und Preiselbeeren 60
Zwiebelkonfitüre 63
Kürbis mit Sternanis und Zimt 65

Desserts

Milchreis mit Zimt 66
Pfirsiche mit Honig und Balsamico 69
Birnen in Rotwein und Olivenöl 70
Pflaumen in Gewürzwein 73
Apfelmus 74

Rezeptregister 76
Impressum 77

EINLEITUNG

Beim Sous-Vide-Garen handelt es sich um das Garen von Speisen in einem Wasserbad. Wenn Sie sich fragen, warum Sie Sous-Vide-Garen ausprobieren sollten, dann gebe ich Ihnen gerne einige gute Gründe:

Geschmackvoll Kochen
Mein Lieblingsgrund ist der Geschmack. Fleisch bleibt beim Sous-Vide-Garen unglaublich zart. Das liegt daran, dass sich die Kollagene ab ca. 58-60 °C in Gelatine verwandeln. Diese bindet Wasser, weshalb das Fleisch geradezu zerfällt. Aber auch für Vegetarier eignet sich Sous Vide, denn das Gemüse schmeckt herrlich aromatisch und saftig, es verliert weder an Biss noch an Geschmack.

Stressfrei Kochen
Noch ein guter Grund ist das entspannte Kochen. Es ist nicht wichtig, ob das Gargut 60 oder 75 Minuten lang gegart wird, es kommt nicht auf jede Minute an. Das ist großartig, wenn Sie Gäste erwarten! Sous-Vide-Garen benötigt nur vier Schritte zum Genuss: Zuerst Beutel öffnen, Zutaten hineinlegen, den Beutel luftdicht verschließen, ins Wasserbad legen und warten!

Sous-Vide-Garen
Beim Sous-Vide-Garen wird das Gargut in speziellen Beuteln luftdicht eingeschweißt, sodass kein Sauerstoff mit dem Essen reagieren kann und danach in einem Wasserbad gegart. **Je niedriger die Temperatur, desto länger die Garzeit.** Das Produkt und dessen Größe bestimmen ebenfalls die Zeit, ein dickeres Stück Steak braucht etwas mehr Zeit als eine Spargelstange. Fleisch bleibt bei niedriger Temperatur wesentlich saftiger. Und gerade bei Obst verändert sich die Textur, ohne dass das Obst seine Form verliert. Beim Sous-Vide-Garen werden Aromen besonders gut aufgenommen, das bedeutet, dass Sie mit Kräutern und Gewürzen experimentieren können. Sie können auch verschiedene Lebensmittel in je einem Vakuumbeutel gleichzeitig garen – Sie müssen nur darauf achten, dass diese bei gleicher oder ähnlicher Temperatur gegart werden. **Seien Sie kreativ!**
Ein zusätzlicher Pluspunkt: Bleibt der Vakuumbeutel ungeöffnet, verlängert sich die Haltbarkeit und Sie können die Lebensmittel platzsparend einfrieren. Dafür den Beutel aus dem Wasserbad in ein Eisbad legen, um den Garvorgang sofort zu beenden.

Gute Vorbereitung und sauberes Arbeiten sind die einzigen Voraussetzungen für das Gelingen – und natürlich die nötigen Geräte. Blättern Sie weiter, um mehr darüber zu erfahren.

GERÄTE, DIE MAN BRAUCHT

Für Sous-Vide-Garen wird eine konstante Wassertemperatur benötigt. Dies wird durch spezielle Geräte gewährleistet. Schwankungen der Temperatur können durch Zugabe von kaltem Wasser ausgeglichen werden, das verlangt aber ständige Beobachtung.

Vakuumbeutel

Die Lebensmittel werden in Spezialbeutel eingeschweißt. Im Sinne der Nachhaltigkeit können sie nach gründlicher Reinigung, zum Beispiel in der Spülmaschine, wiederverwendet werden. Vorsicht ist bei Fleisch und Fisch geboten – hierfür sollten die Beutel nur einmal verwendet werden.

Vakuumierer

Der Vakuumierer verschließt die Lebensmittel im Beutel luftdicht. Ein Vakuumierer ist nicht nur für Sous-Vide-Garen einsetzbar, sondern auch perfekt geeignet, um Lebensmittel platzsparend einzufrieren oder im Kühlschrank länger frisch zu halten.

Sous-Vide-Garer
(Tanks oder Thermalisierer)

Das Wasserbad lässt sich durch den eingebauten Erhitzer genau einstellen. Die Temperatur bleibt immer konstant und die Wasserumwälzung ist ebenfalls gewährleistet. Der Tank bietet eine Alternative zum Sous-Vide-Stick.

Sous-Vide-Sticks

Die Sticks sorgen für eine konstante Temperatur, beschränken sich nicht auf einen bestimmten Tank oder Topf und lassen sich leicht verstauen.

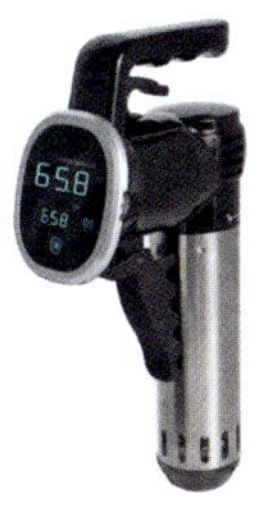

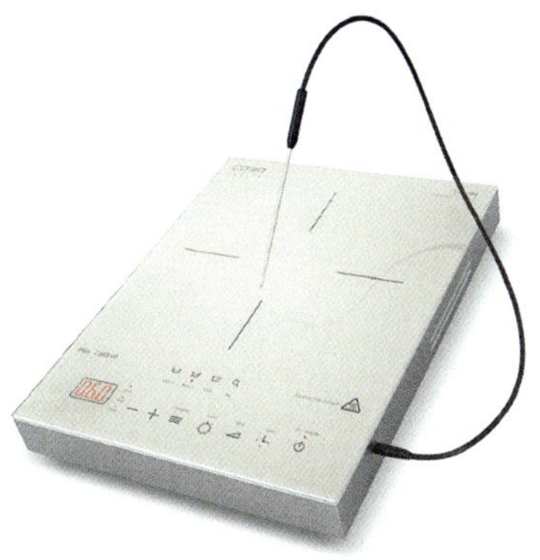

Induktionsplatte und Temperaturfühler

Hat man keinen Sous-Vide-Garer, bietet eine Induktionsplatte mit angeschlossenem Temperaturfühler eine Alternative. Diese hält die Temperatur ebenfalls konstant und eignet sich zudem auch zum Warmhalten von Speisen.

WISSENSWERTES ZUM SOUS-VIDE-GAREN

Achten Sie auf eine gleichmäßige Temperaturverteilung im Wasserbad. Legen Sie Fleisch- oder Fischstücke, Gemüse oder Obst nebeneinander und nicht übereinander in den Vakuumbeutel. Die Beutel müssen vollständig von Wasser bedeckt sein, um ein optimales Ergebnis zu erzielen.

Es gibt spezielle Beutel, die für das Vakuumgaren hergestellt werden. Sie sind aus stärkerem Material und geben beim Kochen keine Inhaltsstoffe ab. Wer eine kostengünstigere Variante sucht, kann auch Gefrierbeutel verwenden. Dabei sollten Sie sich vergewissern, dass diese auch hitzebeständig sind (eventuell beim Hersteller nachfragen).

Vakuumieren

Für die Verwendung in einem Vakuumiergerät sollten die entsprechenden Vakuumbeutel verwendet werden. Wenn Sie die Zutaten gemeinsam mit einer Flüssigkeit (wie Suppenfond oder Wein) einschweißen, achten Sie darauf, die Luft aus dem Beutel nicht vollständig abzusaugen, sondern lassen Sie hier etwas Spielraum. Wichtig ist, dass die Beutel gut verschlossen sind und somit kein Wasser während des Garvorgangs eindringen kann. Sollte ein Versiegelungsvorgang nicht reichen, einfach nochmals versiegeln.

Wenn kein Vakuumiergerät vorhanden ist, bieten sich folgende Methoden an:
Die Lebensmittel werden in den Beutel gelegt und an der offenen Seite zusammen gedreht. Saugen Sie die Luft mit einem Strohhalm heraus. Danach den Beutel nochmals zusammen drehen und mit einer Klammer luftdicht verschließen. Hier bleibt natürlich ein Rest an Luft im Beutel, dies hat aber nur geringen Einfluss auf das Ergebnis.
So funktioniert es ebenfalls: Nehmen Sie einen Gefrierbeutel mit Zip-Verschluss, platzieren Sie die Zutaten und schließen Sie den Beutel, lassen Sie dabei eine kleine Ecke offen. Stellen Sie nun den Beutel in das Wasserbad, die offene Ecke bleibt außerhalb des Wassers. Durch die Erwärmung der Luft entweicht sie, Sie können den Beutel nach diesem Vorgang verschließen – auch hier bleibt ein Rest Luft im Beutel. Wenn Sie diese Variante wählen, können Sie, falls kein anderer Beutel parat, auch einen Bratschlauch verwenden. Achtung, niemals in den Vakuumierer legen, denn das Material ist nicht dafür geeignet.

Hygiene

Beim Niedrigtemperatur-Garen muss besonders auf die Hygiene geachtet werden. Bei niedrigen Temperaturen werden nicht wie beim herkömmlichen Kochen alle Keime abgetötet. Das kann durch ein drei Minuten-Bad der Lebensmittel in kochendem Wasser erreicht werden. Die ideale Wassertemperatur für Pasteurisieren liegt zwischen 55-65 °C. Pasteurisieren bezeichnet die kurzzeitige Erwärmung der Nahrungsmittel, um diese keimfrei und haltbar zu machen.

SCHWEINEKOTELETTS MIT KRÄUTERBUTTER

Für 4 Personen

Kräuterbutter

125 g Butter, zimmerwarm
1 EL frisch gehackte Petersilie
1 EL in feine Röllchen geschnittener Schnittlauch
1 TL frisch gehackter Thymian
1 TL fein gehackter Knoblauch
1 TL Zitronensaft
Salz
Pfeffer

Koteletts

4 Schweinekoteletts, ca. 3–4 cm dick
Salz und Pfeffer
1 in feine Ringe geschnittene rote Zwiebel
1 fein gehackte Knoblauchzehe
4 kleine Butterflöckchen
1 EL Öl
1 ganze Knoblauchknolle

Kräuterbutter

1. Die zimmerwarme Butter mit dem Rührgerät schaumig schlagen. Kräuter, Zitronensaft, Salz und Pfeffer dazugeben und gut durchrühren.
2. Die weiche Butter mit Küchenfolie zu einer Rolle formen und 1 Stunde im Kühlschrank wieder fest werden lassen.

Koteletts

1. Das Wasserbad auf 60 °C erhitzen. Die Schweinekoteletts unter kaltem Wasser abspülen und trocken tupfen, mit Salz, Pfeffer und Knoblauch würzen. Je 2 Koteletts und die Zwiebelringe nebeneinander in einen Vakuumbeutel legen, 2 Butterflöckchen dazugeben, vakuumieren und verschweißen. Die Koteletts bei 60 °C 50 Minuten gar ziehen lassen.
2. Den Beutel aufschneiden, den Saft auffangen und beiseitestellen. Das Öl in einer Pfanne erhitzen und die Koteletts auf jeder Seite im heißen Öl ca. 45 Sekunden scharf anbraten, aus der Pfanne heben und warmhalten.
3. Den Saft in die Pfanne gießen, den Bratenrückstand aufkochen und reduzieren lassen. Die Knoblauchknolle quer durchschneiden und in einer zweiten Pfanne bei kleiner Hitze braten.
4. Die Koteletts auf einem Teller anrichten, mit dem Saft übergießen und mit einer Scheibe Kräuterbutter garnieren.

Zubereitungszeit:
etwa 90 Minuten

Tipp

Dazu passt Kartoffelpüree (Rezept siehe Seite 52).

SCHWEINEFILET MIT BUNTEM PFEFFER

Für 4 Personen

600 g Schweinefilet
Salz
1 EL Pfefferkörner-Öl
1 EL Butterflöckchen
1 TL in Öl eingelegte Pfefferkörner
1 EL Öl
2 EL Sahne

Zubereitungszeit:
etwa 130 Minuten

1. Das Wasserbad auf 59 °C erhitzen.
2. Das Schweinefilet unter kaltem Wasser abspülen und trocken tupfen. Das Schweinefilet von Sehnen und Häutchen befreien und mit Salz einreiben.
3. Das Schweinefilet in einen Vakuumbeutel legen, Öl, Butterflöckchen und Pfefferkörner dazugeben, vakuumieren und verschweißen. Das Filet bei 59 °C 120 Minuten rosa gar ziehen lassen.
4. Nach der Garzeit den Vakuumbeutel herausheben und aufschneiden. Das Filet herausnehmen und den Saft auffangen.
5. Das Öl in einer Pfanne erhitzen, das Filet rundherum scharf anbraten, herausnehmen und ruhen lassen.
6. Den Saft in die Pfanne gießen, die Sahne dazugeben und einmal aufkochen lassen.
7. Das Filet portionieren, anrichten und mit der grünen Pfeffersauce servieren.

STEAK MIT COGNAC-SAUCE

Für 4 Personen

Steaks

4 Steaks à 250 g
Salz
Pfeffer
4 TL Butter
1 EL Öl

Cognac-Sauce

Fleischsaft
1 TL scharfer Senf (Dijon-Senf)
4 cl Cognac
2–3 EL Schlagsahne

Zubereitungszeit:
bis zu 4 Stunden

Gardauer im Wasserbad pro Zentimeter Fleischdicke

1 cm	30 Minuten
2 cm	45 Minuten
3 cm	90 Minuten
4 cm	120 Minuten
5 cm	180 Minuten

Steaks

1. Das Wasserbad auf 60 °C erhitzen. Die Steaks mit Salz und Pfeffer einreiben. Je 2 Steaks nebeneinander in einen Vakuumbeutel legen. Je 2 Butterflöckchen dazugeben, vakuumieren und verschweißen.
2. Je nach gewünschter Garstufe des Steaks garen. In diesem Rezept werden die 4 cm dicken Steaks für 120 Minuten gegart. (Die Tabelle unten dient zur Orientierung der Gardauer). (Gargrad medium, rosa)
3. Nach der Garzeit die Vakuumbeutel herausheben und aufschneiden. Die Steaks herausnehmen und den Fleischsaft auffangen.
4. Das Öl in einer Pfanne erhitzen und die Steaks auf jeder Seite im heißen Öl ca. 60 Sekunden scharf anbraten. Die Steaks herausheben, warm stellen und ruhen lassen.

Cognac-Sauce

1. Den Fleischsaft in der Steakpfanne mit Senf und Cognac aufkochen und reduzieren lassen.
2. Die Sahne dazugeben und nochmals einkochen lassen und abschmecken. Das Fleisch anrichten und mit der Cognac-Sauce überziehen.

Je nach Dicke des Steaks verändert sich die Mindestgarzeit. Das Fleisch sollte Zimmertemperatur haben, bevor es ins Wasserbad gelegt wird.

RINDERFILET MIT ROTWEINREDUKTION

Für 4 Personen

Rinderfilets
600 g Rinderfilet
Salz
1 EL Butterflöckchen
1 EL Öl
1 Zweig Rosmarin
1 Zweig Thymian
1 TL fein gehackter Knoblauch

Rotweinreduktion
1 EL Öl
5 klein geschnittene Knoblauchzehen
1 TL Butter
1 TL Tomatenmark
300 ml Rotwein
100 ml Rinderfond
1 EL Portwein
Salz
Pfeffer
1 Prise Zucker
1 EL kalte Butter

Zubereitungszeit:
etwa 140 Minuten

Rinderfilet

1. Das Wasserbad auf 54 °C erhitzen.
2. Das Filet unter kaltem Wasser abspülen und trocken tupfen. Von Sehen und Häutchen befreien und mit Salz einreiben.
3. Das Filet in einen Vakuumbeutel legen, Öl, Rosmarin, Thymian, Knoblauch und Butterflöckchen dazugeben, vakuumieren und verschweißen.
4. Das Filet bei 54 °C 120 Minuten gar ziehen lassen.
5. Nach der Garzeit die Vakuumbeutel herausheben und aufschneiden. Das Filet herausnehmen und den Saft auffangen. Das Filet warmstellen und ca. 5-10 Minuten ruhen lassen.

Rotweinreduktion

1. Während das Filet gart, das Öl erhitzen und den Knoblauch leicht anschwitzen. Butter und Tomatenmark zugeben und mit Rotwein, Fond und Portwein ablöschen.
2. Die Sauce bei starker Hitze reduzieren, bis sie eine sämige Konsistenz hat. Durch ein Sieb gießen, mit Salz, Pfeffer und Zucker abschmecken.
3. Den Fleischsaft aus dem Vakuumbeutel zugeben, aufkochen und nochmals einkochen lassen. Auf kleiner Flamme die kalte Butter unterrühren. Die Sauce darf nicht mehr kochen.
4. Das Fleisch in dünne Scheiben von etwa ½ cm Dicke schneiden und mit der Rotweinreduktion anrichten.

BOLOGNESE MIT RINDERHACK

Für 4 Personen

50 g gewürfelter Speck
1 Zwiebel, in kleine Würfel geschnitten
1 Knoblauchzehe, klein gehackt
150 g Rinderhack
50 ml Rotwein
1 Karotte, fein gerieben
100 ml Brühe
2 EL Tomatenmark
1 Dose geschälte Tomaten (à 400 g)
1 Lorbeerblatt
1 TL Oregano
1 Prise Zucker
Salz
Pfeffer

1. Den durchwachsenen Speck in einem großen Topf anbraten, Zwiebel und Knoblauch dazugeben und anschwitzen.
2. Das Rinderhack dazugeben und unter ständigem Rühren kräftig anbraten.
3. Wenn das Rinderhack angebraten ist, alle anderen Zutaten dazugeben und die Flüssigkeit einkochen lassen, bis die gewünschte Konsistenz für die Bolognese erreicht ist. Durch das Sous-Vide-Garen geht keine Flüssigkeit mehr verloren.
4. Das Wasserbad auf 65 °C erhitzen.
5. Die Bolognese portionsweise in Vakuumbeutel füllen, vakuumieren und verschweißen, 3 Stunden garen. Die Sauce kann sofort verwendet werden. Vor dem Servieren das Lorbeerblatt entfernen.
6. Für das Einfrieren von weiteren Portionen die Vakuumbeutel verschlossen in Eiswasser legen, um sie schnell abzukühlen, und sofort einfrieren.

Zubereitungszeit:
etwa 180 Minuten

Tipp
Dazu passen Teigwaren aller Art, wie etwa die geringelten Fusilli Bucati Corti.

KALBSTAFELSPITZ MIT GRÜNER SAUCE

Für 4 Personen

Für das Fleisch:
800 g Kalbstafelspitz
Salz
Pfeffer
1 EL Butterschmalz
2 EL Olivenöl
1 Zweig Thymian

Für die Sauce:
1 Handvoll gemischte Kräuter
200 g Schmand
100 g Naturjoghurt
Salz
Pfeffer, aus der Mühle
2 TL Zitronensaft
Cayennepfeffer

Für die Kartoffelchips:
3–4 festkochende Kartoffeln
1 l Rapsöl

Kräuter zum Garnieren
Fleur de Sel

Zubereitungszeit:
bis zu 8 Stunden

1. Den Kalbstafelspitz unter kaltem Wasser waschen, trocken tupfen und mit Salz und Pfeffer würzen. Von allen Seiten kurz sehr heiß in Butterschmalz anbraten, herausnehmen und abtupfen.
2. Das Fleisch zusammen mit Olivenöl und Thymianzweig vakuumieren und verschweißen. Bei 56°C ca. 8 Stunden garen. Vor dem Anrichten das Fleisch gegen die Fasern aufschneiden und mit Fleur de Sel bestreuen.
3. Die Kartoffeln schälen und mit einem Gemüsehobel hauchdünn aufschneiden. Für ca. 10 Minuten in kaltem Wasser einweichen, danach trocken tupfen.
4. Das Öl in einem hohen Topf auf ca. 160 °C erhitzen und aus den Kartoffelscheiben knusprige Chips ausbacken. Mit einer Schaumkelle herausnehmen und auf Küchenpapier abtropfen lassen. Mit etwas Meersalz bestreuen.

Für die Sauce

1. Die Kräuter waschen, trocken schütteln und die Blätter abzupfen. Zusammen mit Schmand, Joghurt, Salz, Pfeffer, Zitronensaft und Cayennepfeffer im Mixer fein pürieren. In 4 kleine Schälchen füllen, den Rest separat servieren.

KALBSRÜCKEN MIT ZITRONE

Für 4 Personen

1 unbehandelte Zitrone
800 g Kalbsrücken
Salz
Pfeffer
½ TL geriebene Fenchelsamen
1 EL Zitronensaft
4 in Scheiben geschnittene Champignons
1 EL Butterflöckchen
1 EL ÖL
1 EL gehackte Petersilie

Zubereitungszeit:
etwa 130 Minuten

1. Das Wasserbad auf 53 °C vorheizen.
2. Die Zitrone unter heißem Wasser waschen und in Scheiben schneiden. Die Kerne entfernen.
3. Das Fleisch unter kaltem Wasser waschen und trocken tupfen. Den Kalbsrücken von Sehen und Häutchen befreien und mit den Gewürzen einreiben.
4. Den Kalbsrücken in einen Vakuumbeutel legen, den Zitronensaft, die Champignonscheiben und die Butterflöckchen dazugeben, vakuumieren und verschweißen. Den Rücken bei 53 °C 120 Minuten rosa gar ziehen lassen.
5. Nach der Garzeit den Vakuumbeutel herausheben und aufschneiden. Das Filet herausnehmen und den Saft auffangen.
6. Das Öl in einer Pfanne erhitzen, das Fleisch rundherum scharf anbraten, herausnehmen und ruhen lassen. Den Saft in die Pfanne gießen und einmal aufkochen. Mit Petersilie garnieren.

Tipp
Dieses Rezept gelingt auch mit Salzzitronen. Unbehandelte Zitronen waschen, in Scheiben schneiden und in ein gut verschließbares Glas schichten. Jeweils eine Schicht Zitronenscheiben mit Meersalz bedecken. Im Kühlschrank für 1 Woche ziehen lassen, dabei öfter durchschütteln. Die Salzzitronen sind sehr intensiv, 5 bis 6 Scheiben für den Kalbsrücken verwenden und dabei das Salz weglassen.

LAMMKOTELETTS MIT ZAZIKI

Für 4 Personen

Lammkoteletts

4 Lammkoteletts (je 2 Knochen pro Kotelett) oder
8 Lammkoteletts
Salz
Pfeffer
2 Rosmarinzweige
2 TL Butter
2 Knoblauchzehen
1 EL Öl

Zaziki

1 Salatgurke
1 TL Salz
250 g griechischer Sahnejoghurt
2–3 sehr fein gehackte Knoblauchzehen
1 TL Essig
1 TL Zitronensaft
1 EL Olivenöl
Salz
Pfeffer

Lammkoteletts

1. Das Wasserbad auf 80 °C erhitzen.
2. Die Lammkoteletts mit Salz und Pfeffer einreiben. Je 2 Koteletts. Je 1 TL Butter, 1 Zweig Rosmarin und 1 Knoblauchzehe nebeneinander in einen Vakuumbeutel legen, vakuumieren und verschweißen. Achtung, die spitzen Knochen können die Vakuumbeutel leicht beschädigen.
3. Die Koteletts mit zwei Knochen ca. 60 Minuten, die Koteletts mit einem Knochen ca. 45 Minuten garen.
4. Nach der Garzeit die Vakuumbeutel herausheben und aufschneiden. Die Koteletts herausnehmen.
5. Das Öl in einer Pfanne erhitzen und die Koteletts auf jeder Seite ca. 45 Sekunden scharf anbraten.

Zaziki

1. Die Gurke waschen und fein reiben. Mit dem Salz vermengen und ca. 20 Minuten ziehen lassen. Kurz unter kaltem Wasser abspülen und gut ausdrücken.
2. Joghurt mit der geriebenen Gurke, Knoblauch, Essig, Zitronensaft und Olivenöl vermischen und mit Salz und Pfeffer abschmecken.

Zubereitungszeit:
etwa 60–90 Minuten

ENTENBRUST MIT WACHOLDER

Für 4 Personen

4 Entenbrüste
1 TL Sojasauce
4 zerdrückte Wacholderbeeren
2 Lorbeerblätter
4 Gewürznelken
2 EL Entenfond
2 EL Butter

3–4 große Kartoffel
1 Rosmarinzweig
1 EL Sauerrahm

Zubereitungszeit:
etwa 100 Minuten

1. Die Entenbrüste unter kaltem Wasser abwaschen und trocken tupfen.
2. Das Wasserbad auf 57 °C erhitzen.
3. Je 2 Entenbrüste nebeneinander in einen Vakuumbeutel legen, alle Würzzutaten, Butter und Entenfond dazugeben, vakuumieren und verschweißen. 90 Minuten rosa gar ziehen lassen.
4. Nach der Garzeit die Vakuumbeutel herausheben und aufschneiden. Die Entenbrüste herausnehmen, warm stellen und ruhen lassen. Den Saft durch ein Sieb in einen kleinen Kochtopf geben.
5. Den Saft einmal aufkochen und einkochen, er darf aber nicht zu salzig werden.
6. In einer anderen Pfanne 1 EL Öl erhitzen und die Entenbrust mit der Hautseite nach unten scharf anbraten. Vor dem Servieren in Scheiben schneiden.
7. Die Kartoffel waschen, schälen und für 20 Minuten in einem Topf mit Wasser kochen lassen. Danach in Scheiben schneiden und scharf anbraten. Mit Rosmarin, Salz und Pfeffer würzen und 1 EL Sauerrahm verfeinern.

HÄHNCHEN MIT ROSMARIN

Für 4 Personen

4 Hähnchenbrustfilets
1 EL Rosmarinnadeln
1 Knoblauchzehe, fein gehackt
abgeriebene Schale von 1 unbehandelten Zitrone
Salz
Pfefferkörner
4 EL Hühnerbrühe
1 EL kalte Butter

Zubereitungszeit:
etwa 70 Minuten

1. Das Wasserbad auf 60 °C erhitzen.
2. Die Hähnchenbrustfilets von der Haut befreien. Unter kaltem Wasser abspülen und trocken tupfen.
3. Die Hähnchenbrustfilets mit Rosmarinnadeln, Knoblauch, Zitronenschale, Salz und Pfeffer würzen und je zwei Filets nebeneinander in einen Vakuumbeutel legen. Je 2 EL Hühnerbrühe dazugeben, vakuumieren und verschweißen. Die Filets bei 60 °C 60 Minuten gar ziehen lassen.
4. Nach der Garzeit die Vakuumbeutel herausheben und aufschneiden. Die Hähnchenfilets herausnehmen und warmhalten.
5. Den Saft durch ein Sieb in einen kleinen Topf gießen und erhitzen, eventuell etwas einkochen, abschmecken.
6. Die kalte Butter einrühren, die Sauce darf nicht mehr kochen.
7. Die Filets vor dem Servieren kurz anbraten und auf einem Teller anrichten und mit der Sauce übergießen.

HÄHNCHENBRUST MIT ORANGEN

Für 4 Personen

Hähnchenfilets

4 Hähnchenbrustfilets ohne Haut
Salz
Pfeffer
4 Zweige Thymian
2 EL Orangenkonfitüre
2 EL Butter
2 TL abgeriebene Schale von einer unbehandelten Orange
2 EL frisch gepresster Orangensaft

Orangen-Sauce

1 EL abgeriebene Schale von einer unbehandelten Orange
1 Prise Meersalz
1 EL Öl
Orangenfilets

Zubereitungszeit:
etwa 90 Minuten

Tipp

Dazu passt Spinatreis. Gekochten Reis mit blanchiertem Spinat vermischen und mit einer Prise Muskat abschmecken.

1. Das Wasserbad auf 60 °C erhitzen.
2. Die Hähnchenbrustfilets unter kaltem Wasser abspülen und trocken tupfen. Anschließend mit Salz und Pfeffer würzen und je 2 Filets nebeneinander in einen Vakuumbeutel legen. Je 2 Zweige Thymian, 1 EL Orangenkonfitüre, 1 EL Butter, 1 TL Orangenschale und 1 EL Orangensaft dazugeben, vakuumieren und verschweißen. Die Filets bei 60 °C 60 Minuten gar ziehen lassen.
3. Während der Garzeit die Orangenschale mit dem Meersalz vermischen.
4. Nach der Garzeit die Vakuumbeutel herausheben und aufschneiden. Die Hähnchenfilets herausnehmen und warmhalten. Den Saft auffangen.
5. Das Öl in einer Pfanne erhitzen, die Hähnchenbrüste darin auf beiden Seiten scharf anbraten. Die Hähnchenbrüste herausnehmen, eventuell nachsalzen und warm stellen.
6. Den Saft durch ein Sieb in die Pfanne geben und einmal aufkochen.
7. Die Hähnchenbrüste anrichten und mit dem Saft übergießen. Die Orangenschale mit dem Meersalz sparsam über dem Fleisch verteilen und das Gericht mit Orangenfilets garnieren.

REHRÜCKEN MIT PORTWEIN-JUS

Für 4 Personen

Rehrücken
600 g Rehrücken (ausgelöst)
4 zerdrückte Wacholderbeeren
Salz
Pfeffer
60 g Kräuterbutter (Rezept Seite 14)
4 Salbeiblätter
1 Karotte, in feine Scheiben geschnitten
1 EL Öl

Portwein-Jus
1 TL Öl
2 Schalotten, in kleine Würfel geschnitten
4 EL roter Portwein
250 ml Rotwein
Salz
Pfeffer
2 EL Preiselbeergelee

1. Das Wasserbad auf 55 °C erhitzen.
2. Den Rehrücken mit den Wacholderbeeren, Salz und Pfeffer einreiben. Mit Krauterbutter, Salbei und Karottenscheiben in einen Vakuumbeutel legen, vakuumieren und verschweißen.
3. Den Rehrücken ca. 90 Minuten gar ziehen lassen.
4. Für den Portwein-Jus die Schalotten glasig anbraten, mit Portwein und Rotwein aufgießen und auf ca. die Hälfte einkochen.
5. Nach der Garzeit den Vakuumbeutel herausheben und aufschneiden. Den Rehrücken herausnehmen und warmhalten. Den Saft durch ein Sieb zur Rotweinreduktion geben.
6. Das Öl in einer Pfanne erhitzen, den Rehrücken scharf anbraten, herausnehmen und ruhen lassen.
7. Den Bratenfond mit der Rotweinreduktion aufkochen. Erst jetzt mit Salz und Pfeffer würzen und das Preiselbeergelee einrühren.
8. Den Rehrücken anrichten und mit dem Portwein-Jus überziehen. Den restlichen Jus extra dazu reichen.

Zubereitungszeit:
etwa 100 Minuten

Tipp
Dazu passen herbstliche Gemüsesorten wie Sellerie oder Rosenkohl.

LACHSFILET MIT HONIG-SENF-SAUCE

Für 4 Personen

Lachsfilet

4 Lachsfilet ohne Haut, ca. 200g
Salz
Pfeffer
1 TL scharfer Senf
1 EL Zitronensaft
2 EL Olivenöl

Honig-Senf-Sauce

100 g Mayonnaise
2 EL Estragon-Senf
1 EL scharfer Senf
3 EL Honig
1 EL Zitronensaft
Salz
Pfeffer

Zubereitungszeit:
etwa 60 Minuten

Lachsfilet

1. Das Wasserbad auf 52 °C erhitzen.
2. Die Filets unter kaltem Wasser abwaschen und trocken tupfen.
3. Alle Zutaten für den Lachs verrühren und die Fischfilets damit einreiben. Nebeneinander in einen Vakuumbeutel legen, vakuumieren und verschweißen. Den Fisch 30 Minuten garen.
4. Nach der Garzeit den Vakuumbeutel herausheben und aufschneiden. Den Fisch sofort servieren.

Honig-Senf Sauce

1. Während der Garzeit alle Zutaten für die Sauce verrühren und mit dem Fisch servieren.

HEILBUTTFILET MIT KAROTTEN-JULIENNE

Für 4 Personen

Heilbuttfilet

4 Heilbuttfilets
Salz
Pfeffer
1 EL Zitronensaft
2 EL Olivenöl
1 EL Öl
1 Schalotte, fein gehackt
200 ml Weißwein
Salz
Pfeffer
1 EL kalte Butter

Karotten-Julienne

150 ml Gemüsefond
1 Spritzer Zitronensaft
1 geschälte Karotte, in feine Streifen geschnitten
1 TL Butter

Feldsalat und grüner Spargel zum Garnieren

Zubereitungszeit:
etwa 50 Minuten

Heilbuttfilet

1. Das Wasserbad auf 52 °C erhitzen.
2. Die Filets unter kaltem Wasser abwaschen und trocken tupfen. Alle Zutaten für die Fischfilets verrühren und die Filets damit einreiben. 2 Fischfilets nebeneinander in je einen Vakuumbeutel legen, vakuumieren und verschweißen. Den Fisch 30 Minuten garen.
3. Während der Garzeit das Öl in einer Pfanne erhitzen und die Schalotte darin anschwitzen. Mit dem Weißwein aufgießen und die Flüssigkeit auf die Hälfte einkochen.
4. Die Sauce mit dem Pürierstab pürieren, mit Salz und Pfeffer abschmecken. Die Butterflocken einarbeiten, die Sauce darf dabei nicht mehr kochen.
5. Nach der Garzeit den Vakuumbeutel herausheben und aufschneiden, den Fisch warm stellen. Den Fisch anrichten, mit der Sauce überziehen und sofort servieren.

Karotten-Julienne

1. Für die Karotten-Julienne den Fond mit Zitronensaft zum Kochen bringen. Die Karottenstreifen kurz in kochendem Wasser blanchieren und in Eiswasser abschrecken.
2. Vor dem Servieren die Karotten-Julienne kurz in Butter schwenken und auf den Fischfilets anrichten. Mit Feldsalat garnieren.

Tipp

Dazu passen auch Maiskolben mit Nussbutter (Rezept Seite 59) statt der Karotten-Julienne.

KABELJAUFILET MIT TOMATEN UND OLIVEN

Für 4 Personen

4 Kabeljaufilets (à ca.250 g)
Salz
Pfeffer
2 EL kleingeschnittene Tomaten
2 EL kernlose Oliven
2 TL Öl
2 TL Zitronensaft
1 TL abgeriebene Schale von einer unbehandelten Zitrone

1. Die Filets unter kaltem Wasser abwaschen und trocken tupfen. Den Fisch salzen und pfeffern.
2. Das Wasserbad auf 56 °C erwärmen.
3. Je 2 Filets nebeneinander in einen Vakuumbeutel geben, die restlichen Zutaten aufteilen und dazugeben, vakuumieren und verschweißen. Den Fisch ca. 40 Minuten garen.
4. Nach der Garzeit die Vakuumbeutel herausheben und aufschneiden, den Fisch anrichten, mit den Tomaten und Oliven garnieren und servieren.

Zubereitungszeit:
etwa 40 Minuten

Tipp
Dazu passt Kartoffelpüree (Rezept siehe Seite 50).

TOMATENSAUCE MIT BASILIKUM

Für 4 Personen

1 Dose geschälte Tomaten (à 400 g)
3 EL Basilikumblätter
3 Lorbeerblätter
½ Zwiebel, fein gehackt
1 Knoblauchzehe, fein gehackt
1 Karotte, fein gerieben
1 EL Olivenöl
1 TL Salz
Pfeffer

Zubereitungszeit:
etwa 90 Minuten

1. Das Wasserbad auf 85 °C erhitzen.
2. Alle Zutaten vermischen.
3. Die Masse portionsweise in Vakuumbeutel füllen, vakuumieren und verschweißen, 90 Minuten garen.
4. Die Sauce kann sofort verwendet werden. Für das Einfrieren von weiteren Portionen die Vakuumbeutel verschlossen in Eiswasser legen, um sie schnell abzukühlen, und sofort einfrieren.
5. Vor dem Servieren die Lorbeerblätter entfernen.

POLENTA

Für 4 Personen

200 g Polenta (gelb)
1 l Wasser
80 g Butter
50 g Parmesan, fein gerieben

Zubereitungszeit:
etwa 2 Stunden

1. Das Wasserbad auf 85 °C erhitzen.
2. In einer Schüssel alle Zutaten gut vermischen. In einen Vakuumbeutel füllen, vakuumieren und verschweißen. Die Polenta 2 Stunden im Wasserbad ziehen lassen.
3. Aus dem Beutel geben und abschmecken, bei Bedarf nachwürzen und servieren.

Knusprige Polenta

1. Die Polenta wie oben beschrieben zubereiten. Nach dem Kochvorgang ca. 1 cm dick auf ein Brett streichen, erkalten lassen und in Rauten oder Rechtecke schneiden.
2. In einer Pfanne etwas Öl erhitzen und die Polenta auf beiden Seiten knusprig braten.

Tipp

Das Wasser durch Gemüsebrühe und etwas Zitronensaft ersetzen. Die Polenta kann auch mit Kräutern gewürzt werden. Ein besonderer Effekt entsteht durch Mohn – etwa 2 EL Mohnsamen dazugeben und mitgaren.

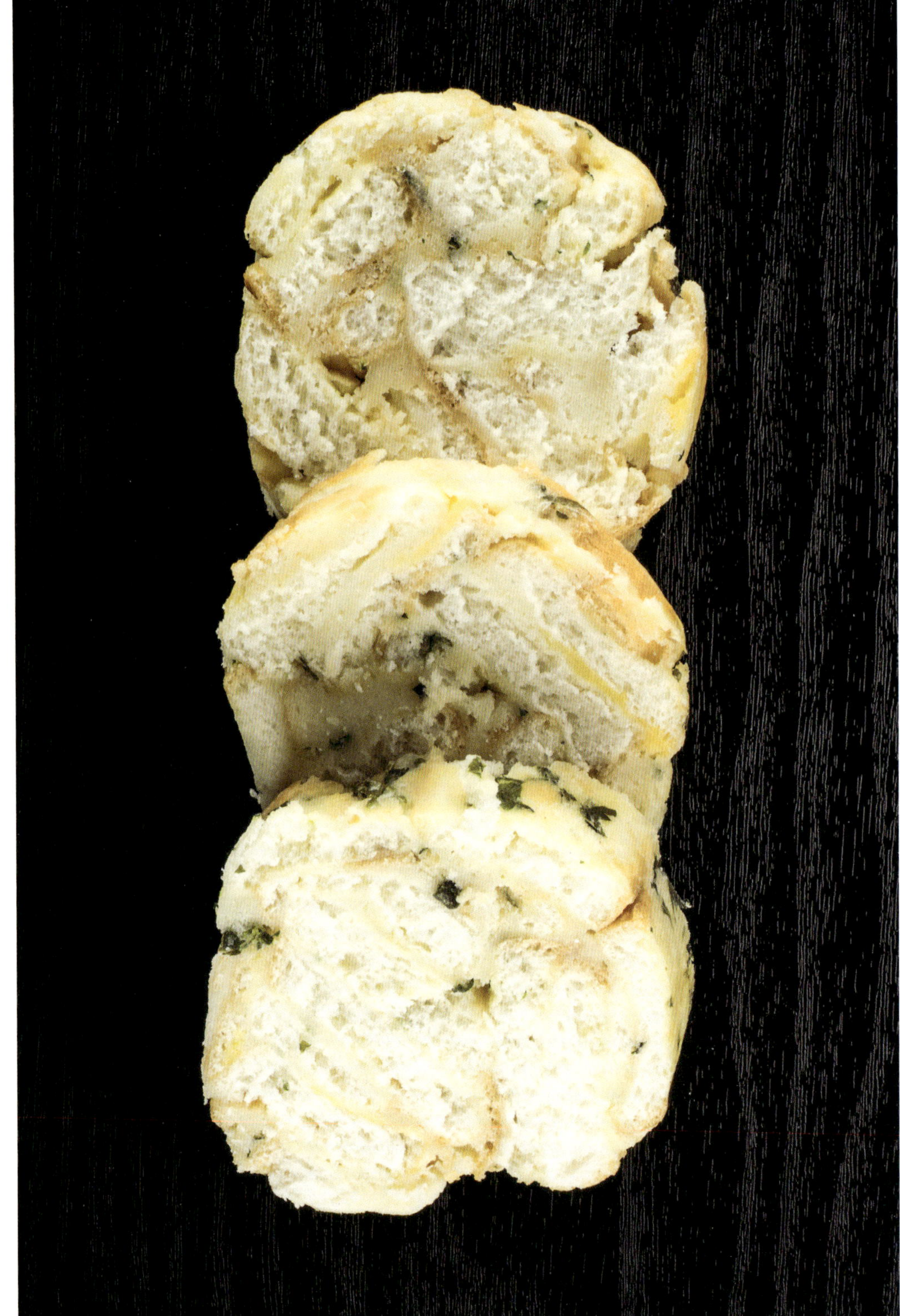

SEMMELKNÖDEL UND SERVIETTENKNÖDEL

Für 4 Personen
40 g Butter
1 kleine Zwiebel, fein gehackt
250 g alte Brötchen, gewürfelt
3 Eier
250 ml Milch
3 EL fein gehackte Petersilie
1 EL Mehl
Salz
Pfeffer

Zubereitungszeit:
etwa 60–80 Minuten

Semmelknödel

1. Die Butter in einer Pfanne zergehen lassen und die Zwiebel darin glasig anbraten, abkühlen lassen. Die Brötchen würfeln und in eine Schüssel geben.
2. Die Eier in einer anderen Schüssel verschlagen, mit der Milch und der Petersilie vermischen, über die gewürfelten Brötchen gießen und mit Salz und Pfeffer würzen.
3. Das Wasserbad auf 85 °C erhitzen.
4. Die abgekühlte Zwiebel mit der Knödelmasse vermengen und alles ziehen lassen. Das Mehl hinzufügen.
5. Mit feuchten Händen Knödel formen und je 1 Knödel in einen Vakuumbeutel legen und verschweißen. Die Knödel ca. 40 Minuten garen lassen.
6. Die Knödel können sofort verwendet werden. Für das Einfrieren von Knödeln die Vakuumbeutel verschlossen in Eiswasser legen, um sie schnell abzukühlen, und sofort einfrieren.

Serviettenknödel

1. Die Eier trennen und das Eiweiß zu steifem Schnee schlagen.
2. Genauso zubereiten wie die Semmelknödel, vor dem Formen der Knödel das Eiweiß unterheben, am besten in Dritteln, damit die Masse schön luftig wird.
3. Eine Rolle formen und wie die Knödel vakuumieren und ca. 1 Stunde garen.

KARTOFFELPÜREE

Für 4 Personen

800 g mehlige Kartoffeln
200 ml Milch
40 g Butter
½ TL Salz
1 Prise Muskat

Zubereitungszeit:
etwa 90 Minuten

1. Das Wasserbad auf 85 °C erhitzen.
2. Die Kartoffeln schälen, waschen, in Würfel von ca. 2 cm Kantenlänge schneiden und auf 2 Vakuumbeutel aufteilen. Vakuumieren und verschweißen und ca. 90 Minuten im Wasserbad garen.
3. Nach der Garzeit die Vakuumbeutel herausheben und aufschneiden. Die Kartoffeln in einer Schüssel zerstampfen.
4. Die Milch mit Butter, Salz und Muskat erhitzen und über die Kartoffeln gießen, gut vermischen. Falls nötig, mehr Milch zugeben. Abschmecken und servieren.

Varianten

Mit Oliven: 150g grüne Oliven und1 EL Olivenöl. Die Oliven entsteinen, klein schneiden und mit dem Olivenöl unter das fertige Püree mischen.

Mit Kräutern: 3 EL fein gehackte grüne gemischte Kräuter, wie Petersilie, Schnittlauch, Kerbel, Basilikum, Estragon. Die frischen Kräuter unter das fertige Püree mischen.

Mit Meerrettich: 2–3 EL Sahne-Meerrettich unter das fertige Püree mischen.

SPARGEL MIT KERBELSAUCE

Für 4 Personen

Spargel

1 kg weißer Spargel
1 Prise Zucker
Salz
Pfeffer
1 EL abgeriebene Schale von einer unbehandelten Zitrone
40 g Butter

Kerbelsauce

3 EL Sauerrahm
1 EL Mehl
1 TL Essig
1 Prise Zucker
3 EL frisch gehackte Kerbelblätter
Salz
Pfeffer

Spargel

1. Das Wasserbad auf 85 °C erhitzen.
2. Den Spargel waschen, schälen und die holzigen Enden abschneiden.
3. Schalen und alle anderen Zutaten in Vakuumbeutel geben, die Spargelstangen darauflegen und die Beutel vakuumieren und verschweißen. Den Spargel ca. 25–30 Minuten garen.
4. Nach der Garzeit die Vakuumbeutel herausheben und aufschneiden, den Spargel warm stellen.

Kerbelsauce

1. Für die Kerbelsauce den Saft aus dem Sous-Vide-Beutel durch ein Sieb in einen kleinen Kochtopf geben. Sauerrahm und Mehl gut verrühren, in den Spargelsaft einrühren und aufkochen. Alle anderen Zutaten für die Sauce dazugeben und ca. 3–5 Minuten köcheln lassen.
2. Den Spargel anrichten, mit der Sauce überziehen und sofort servieren.

Zubereitungszeit:
etwa 40 Minuten

Tipp

Dazu passen Schinken und Salzkartoffeln.
Wenn Sie grünen Spargel verwenden, die Garzeit um ca. 10 Minuten verkürzen.

SELLERIEPÜREE UND SELLERIESCHEIBEN

Für 4 Personen

Selleriepüree
500 g Knollensellerie
200 g Schlagsahne
50 g Butter
1 EL Zitronensaft
Salz

Selleriescheiben
150 g Butter
300 g Knollensellerie
Salz

Zubereitungszeit:
etwa 90 Minuten

Zubereitungszeit:
etwa 20 Minuten

Selleriepüree

1. Das Wasserbad auf 85 °C vorheizen.
2. Die Selleriescheiben waschen, schälen und in 2 mm dünne Scheiben schneiden, in einen Vakuumbeutel legen, vakuumieren und verschweißen. Ca. 90 Minuten garen.
3. Die heißen Scheiben aus dem Vakuumbeutel nehmen, mit den anderen Zutaten in einem Kochtopf geben und mit dem Pürierstab mixen, bis das Püree die gewünschte Konsistenz hat.
4. Nochmals erhitzen und abschmecken.

Selleriescheiben

1. Die Butter in einem kleinen Topf erhitzen und langsam Farbe annehmen lassen, sie soll ein helles Braun erreichen.
2. Das Wasserbad auf 85 °C erhitzen.
3. Die Sellerie waschen, schälen und in 2 mm dünnen Scheiben schneiden. Danach salzen und gemeinsam mit der Nussbutter in Vakuumbeutel legen, verschweißen und ca. 10 Minuten garen.
4. Nach der Garzeit den Vakuumbeutel herausheben und aufschneiden, die Scheiben abtropfen lassen und anrichten.

Tipp

Das funktioniert auch mit Zucchinischeiben. Das Wasserbad ebenfalls auf 85° erhitzen und zwischen 40 und 60 Minuten garen.

CHAMPIGNONRAGOUT

Für 4 Personen

Pilze

400 g Champignons
2 EL Öl

Sauce

1 EL Öl
1 kleine Zwiebel, fein gehackt
4 EL Sauerrahm
1 TL Mehl
2 EL Gemüsebrühe
1 EL fein gehackte Petersilie

Zubereitungszeit:
etwa 20 Minuten

1. Die Champignons unter kaltem Wasser waschen, gut abtropfen lassen und feinblättrig schneiden.
2. Das Wasserbad auf 85 °C erhitzen.
3. Die Pilze mit dem Öl vermischen, nicht salzen. In den Vakuumbeutel geben und verschweißen. Die Pilze 15 Minuten garen.
4. In der Zwischenzeit das Öl für die Sauce erhitzen und die Zwiebel darin glasig anschwitzen. Sauerrahm und Mehl gut verrühren.
5. Die Zwiebel mit Gemüsebrühe aufgießen und die Mehl-Sauerrahm-Mischung dazugeben, aufkochen.
6. Nach der Garzeit den Vakuumbeutel herausheben und aufschneiden, die Pilze und den Saft in die Sauerrahmmischung geben und gemeinsam kurz köcheln lassen.
7. Die Petersilie unterrühren und sofort servieren.

Tipp

Die Pilze können auch im Vakuumbeutel eingefroren werden. Für das Einfrieren die Vakuumbeutel verschlossen in Eiswasser legen, um sie schnell abzukühlen, und sofort einfrieren.

MAISKOLBEN MIT ERDNUSSBUTTER

Für 4 Personen

Maiskolben

4 Maiskolben
4 TL Öl
1 TL Essig
Salz
Pfeffer
1 Prise Zucker

Erdnussbutter

230 g ungesalzene Erdnüsse
25 ml Sonnenblumenöl
1 Prise Salz

Zubereitungszeit:
etwa 50 Minuten

Maiskolben

1. Das Wasserbad auf 85 °C erhitzen.
2. Die Maiskolben unter kaltem Wasser waschen und trocken tupfen.
3. Alle Zutaten vermischen und die Maiskolben damit einreiben. Nebeneinander in einen Vakuumbeutel legen, verschweißen und ca. 40 Minuten garen.
4. Nach der Garzeit den Vakuumbeutel herausheben und aufschneiden, den Mais herausnehmen und im Ganzen servieren.

Erdnussbutter

1. Die Erdnüsse ohne Fett in einer Pfanne rösten und danach mit Öl und Salz im Küchenmixer oder mit einem Pürierstab zerkleinern.
2. Die Erdnussbutter in Einmachgläser abfüllen, danach im Kühlschrank lagern. Die Nussbutter ist bis zu 6 Wochen haltbar.

Tipp

Die Körner vor dem Servieren mit einem scharfen Messer vom Kolben schneiden und in 2 EL Butter nochmals erwärmen.

ROTKOHL MIT APFEL UND PREISELBEEREN

Für 4 Personen

200 g frischer Rotkohl
1 säuerlicher Apfel
200 ml Apfelsaft
2 EL Preiselbeergelee oder eingemachte Preiselbeeren
Salz
Pfeffer
1 Lorbeerblatt

Petersilie
Preiselbeeren zum Garnieren

Zubereitungszeit:
etwa 70 Minuten

1. Rotkohl waschen, den Strunk herausschneiden und fein hobeln. Den Apfel waschen, schälen, das Kerngehäuse entfernen und zum Rotkohl reiben.
2. Das Wasserbad auf 85 °C erwärmen.
3. Den Rotkohl mit den anderen Zutaten vermengen, in einen Vakuumbeutel geben und verschweißen. Ca. 50–60 Minuten garen.
4. Nach der Garzeit den Vakuumbeutel herausheben und aufschneiden, den Rotkohl herausnehmen, abschmecken und das Lorbeerblatt vor dem Servieren entfernen.

ZWIEBELKONFITÜRE

Für 4 Personen

3 EL Honig
80 ml Portwein
50 ml Balsamico
1 TL Salz
Pfeffer
600 g rote Zwiebeln, in feine Ringe geschnitten

Zubereitungszeit:
etwa 50 Minuten
Marinierzeit:
3-4 Stunden

1. Honig, Portwein und Balsamico verrühren, salzen und pfeffern. Mit den Zwiebelringen vermischen und 3–4 Stunden marinieren.
2. Das Wasserbad auf 85 °C vorheizen.
3. Die Zwiebelmasse in einen Vakuumbeutel geben, vakuumieren und verschweißen. Ca. 20–30 Minuten garen.
4. Nach der Garzeit den Vakuumbeutel herausheben, aufschneiden und die Masse in einen Kochtopf geben.
5. Die Zwiebelkonfitüre aufkochen. Fall sie noch zu flüssig ist, die Flüssigkeit einkochen, bis die gewünschte Konsistenz erreicht ist.

Tipp
Die Zwiebelkonfitüre noch heiß in Gläser füllen und verschließen. Gestürzt auf einem Küchentuch auskühlen lassen und im Kühlschrank aufbewahren. Ungeöffnet hält die Konfitüre im Kühlschrank bis zu 3 Monaten.
Die Zwiebelkonfitüre passt gut zu Schweinefilet mit buntem Pfeffer (siehe Seite 17) oder auch zu einer Scheibe Brot mit Käse.

KÜRBIS MIT STERNANIS UND ZIMT

Für 4 Personen

400 g Hokkaido- oder Butternusskürbis
Salz
Pfeffer
3 Stück Sternanis
1 Zimtstange
½ TL geriebener Ingwer
2 EL Orangensaft
1 EL Öl

2 EL Butter
1 Handvoll Nüsse

Zubereitungszeit:
etwa 30 Minuten

1. Den Hokkaidokürbis gut waschen. In der Mitte zerteilen und die Kerne herauskratzen.
2. Das Wasserbad auf 80 °C erwärmen.
3. Den Hokkaidokürbis mit der Schale in schmale Spalten zerteilen. Oder den Butternusskürbis schälen und in Spalten schneiden.
4. Gemeinsam mit den anderen Zutaten – bis auf die Butter – in den Vakuumbeutel geben, vakuumieren und verschweißen. 20 Minuten garen. Gegen Ende der Garzeit die Butter in einem Kochtopf schmelzen.
5. Nach der Garzeit den Vakuumbeutel herausheben und aufschneiden.
6. Die Kürbisstücke zur Butter geben. Sternanis und Zimtstange entfernen und den Kürbis kurz anbraten, eventuell nachwürzen. Vor dem Servieren mit Nüssen bestreuen.

Tipp

Genauso kann auch Kürbispüree zubereitet werden. Dafür den Kürbis pürieren. Mit Sahne und Orangensaft aufgießen, bis das Püree die gewünschte Konsistenz hat.

MILCHREIS MIT ZIMT

Für 4 Personen

Milchreis
½ Vanilleschote
100 g Reis
300 ml Milch
100 g Sahne
60 ml Apfelsaft
1 TL Butter
1 TL abgeriebene Schale von einer unbehandelten Zitrone
1 Zimtstange (ca. 5 cm lang)

2 EL Puderzucker
½ TL gemahlener Zimt

1. Die Vanilleschote der Länge nach aufschlitzen und das Mark herauskratzen. In einer großen Schüssel alle Zutaten, bis auf Puderzucker und gemahlenen Zimt, vermischen. Danach die ausgekratzte Vanillestange und das Mark dazugeben.
2. Das Wasserbad auf 85 °C erwärmen.
3. Die Masse in den Vakuumbeutel füllen und ca. 60 Minuten garen.
4. Während der Milchreis gart, den Puderzucker mit dem gemahlenen Zimt vermischen.
5. Nach der Garzeit den Vakuumbeutel herausheben und aufschneiden, den Milchreis in eine Schüssel geben.
6. Vor dem Servieren die Zimtstange und die Vanilleschote entfernen. Den Milchreis mit der Zuckerzimt-Mischung bestreuen.

Zubereitungszeit:
etwa 60 Minuten

Tipp
Die Sahne kann durch Fruchtsaft ersetzt werden. Durch roten Fruchtsaft erhält der Milchreis eine schöne Farbe. Die Garzeit verändert sich dadurch nicht.

PFIRSICHE MIT HONIG UND BALSAMICO

Für 4 Personen

4 Pfirsiche
2 EL Honig
2 EL weißer Balsamico
1 TL Zitronensaft
1 Zweig Rosmarin
1 EL Butterflöckchen

150 ml ÖL
1 EL Rosmarinnadeln
Basilikum zum Garnieren

Zubereitungszeit:
etwa 45 Minuten

1. Die Pfirsiche unter kaltem Wasser abspülen, trocken tupfen, halbieren und den Stein herauslösen.
2. Das Wasserbad auf 85 °C erwärmen.
3. Die Pfirsichhälften mit den anderen Zutaten – bis auf Öl und Rosmarinnadeln – in einen Vakuumbeutel geben, vakuumieren und verschweißen. Die Pfirsiche ca. 20 Minuten garen.
4. Während der Garzeit das Öl in einem kleinen Topf erhitzen und die Rosmarinnadeln darin frittieren. Auf einem Küchentuch abtropfen und abkühlen lassen, dadurch werden sie knusprig.
5. Nach der Garzeit den Vakuumbeutel herausheben und aufschneiden, den Rosmarin entfernen und die Pfirsichhälften anrichten. Mit den frittierten Rosmarinnadeln bestreuen und mit einer Kugel Vanilleeis, Basilikum und dunklem Balsamico servieren.

Tipp

Dieses Rezept gelingt auch mit Nektarinen. Die Nektarinen wie die Pfirsiche entsteinen und ca. 30 Minuten bei 75 °C garen.

BIRNEN IN ROTWEIN UND OLIVENÖL

Für 4 Personen

4 Birnen
400 ml Rotwein
40 g Zucker
4 EL Olivenöl
4–6 Gewürznelken
1 Zimtstange, 5 cm lang

Zubereitungszeit:
etwa 70 Minuten

1. Die Birnen waschen und schälen.
2. Das Wasserbad auf 85 °C erwärmen.
3. Die Birnen mit allen anderen Zutaten – außer den Granatapfelkernen – in einen Vakuumbeutel geben und verschweißen. Die Birnen ca. 60 Minuten garen.
4. Nach der Garzeit den Vakuumbeutel herausheben und aufschneiden, die Birnen herausnehmen und beiseitestellen.
5. Den Sud im Beutel durch ein Sieb in einen Kochtopf gießen und auf ca. ein Viertel der Menge einkochen. Nach Belieben mit mehr Zucker abschmecken.
6. Die Birnen entweder kalt mit dem heißen Saft überziehen oder nochmals im Sud erwärmen und heiß servieren.

Tipp
Den übrigen Saft mit dem Pürierstab pürieren. Durch das Öl im Sud entsteht eine Emulsion und der Saft wird so cremiger. Eine Emulsion entsteht wenn sich Öl und Wasser verbinden, wie etwa bei einer Vinaigrette.

PFLAUMEN IN GEWÜRZWEIN

Für 4 Personen

12 Pflaumen
200 ml Rotwein
100 ml Sherry medium dry
2 EL Honig
1 TL Zitronensaft
1 Zimtstange
1–3 Sternanis
1–3 Nelken

Zubereitungszeit:
etwa 50 Minuten

1. Die Pflaumen unter kaltem Wasser abspülen und trocken tupfen.
2. Das Wasserbad auf 85 °C erwärmen.
3. Die Pflaumen halbieren und entsteinen. Mit allen übrigen Zutaten in einen Vakuumbeutel geben und verschweißen. Die Pflaumen ca. 40 Minuten garen.
4. Nach der Garzeit den Vakuumbeutel herausheben und aufschneiden, die Pflaumen herausnehmen und beiseitestellen.
5. Den Sud aus dem Beutel durch ein Sieb in einen Kochtopf gießen und auf ca. ein Drittel der Menge einkochen.
6. Die Pflaumen wieder einlegen und kurz ziehen lassen, am besten lauwarm servieren.

Tipp
So gelingt auch ein schnelles Pflaumenmus: Die gegarten Pflaumen mit etwas Flüssigkeit mit dem Pürierstab pürieren, nach Bedarf Flüssigkeit zugeben, bis die gewünschte Konsistenz erreicht ist.

APFELMUS

Für 4 Personen

1 l kaltes Wasser
Saft von 2 Zitronen
1 kg säuerliche Äpfel
100 g Zucker
2 EL Honig
1 Zimtstange, ca. 8 cm lang

Zubereitungszeit:
etwa 70 Minuten

1. Das kalte Wasser mit der halben Menge Zitronensaft in einer Schüssel vermischen.
2. Das Wasserbad auf 85 °C erwärmen.
3. Die Äpfel waschen, schälen, vierteln und das Kerngehäuse ausschneiden, die Äpfel in gleichmäßige Spalten schneiden und ins Zitronenwasser einlegen, damit sie sich nicht verfärben.
4. Die Apfelstücke mit Zucker, Honig, dem restlichen Zitronensaft und der Zimtstange in einen Vakuumbeutel geben und verschweißen. Die Apfelstücke ca. 50 Minuten garen.
5. Den Beutel aufschneiden und den Inhalt in eine Schüssel geben. Abkühlen lassen und die Zimtstange entfernen. Die Äpfel mit dem Pürierstab pürieren. Nach Geschmack mehr Zitronensaft oder Zucker dazugeben.

Tipp
Die gegarten Äpfel können im verschlossenen Vakuumbeutel 4 Wochen im Kühlschrank aufbewahrt werden.

REZEPTREGISTER

Apfelmus 74
Birnen in Rotwein und Olivenöl 70
Bolognese mit Rinderhack 22
Champignonragout 56
Hähnchenbrust mit Orangen 34
Hähnchen mit Rosmarin 33
Heilbuttfilet mit Karotten-Julienne 41
Kabeljaufilet mit Tomaten und Oliven 43
Kalbsrücken im Ganzen mit Zitrone 27
Kalbstafelspitz mit grüner Sauce 25
Kartoffelpüree 50
Kürbis mit Sternanis und Zimt 65
Lachsfilet mit Honig-Senf-Sauce 38
Lammkoteletts mit Zaziki 29
Maiskolben mit Erdnussbutter 59
Milchreis mit Zimt 66
Pfirsiche mit Honig und Balsamico 69
Pflaumen in Gewürzwein 73
Polenta 46
Rehrücken mit Portwein-Jus 37
Rinderfilet mit Rotweinreduktion 20
Rinderhack 22
Rotkohl mit Apfel und Preiselbeeren 60
Schweinefilet mit buntem Pfeffer 17
Schweinekoteletts mit Kräuterbutter 14
Selleriepüree ,Selleriescheiben mit Nussbutter 55
Semmelknödel, Serviettenknödel 49
Spargel mit Kerbelsauce 52
Tomatensauce mit Basilikum 45
Zwiebelkonfitüre 63

ISBN 978-3-8094-4134-2

1. Auflage 2019

Gesamtgestaltung: Print Company Verlagsgesellschaft m.b.H., Wien
Umschlaggestaltung: Gerhard Versen, Bad Aibling
Herstellung: Elke Cramer
Projektleitung: Anja Halveland

Druck und Bindung: Mohn media Mohndruck GmbH, Gütersloh

Printed in Germany

Verlagsgruppe Random House FSC® N001967